Poemas De Amor a Un Amor

Poemas De Amor a Un Amor

ABE SENTONNIAN

Poemas De Amor a Un Amor

Copyright © 2023 by Abe Sentonnian. All rights reserved.

No part of this publication may be reproduced, stored in a retrieval system or transmitted in any way by any means, electronic, mechanical, photocopy, recording or otherwise without the prior permission of the author except as provided by USA copyright law.

The opinions expressed by the author are not necessarily those of URLink Print and Media.

1603 Capitol Ave., Suite 310 Cheyenne, Wyoming USA 82001
1-888-980-6523 | admin@urlinkpublishing.com

URLink Print and Media is committed to excellence in the publishing industry.

Book design copyright © 2023 by URLink Print and Media. All rights reserved.

Published in the United States of America

Library of Congress Control Number: 2023924074
ISBN 978-1-68486-660-1 (Paperback)
ISBN 978-1-64367-000-3 (Digital)

15.12.23

TABLA DE CONTENIDO

1. Introduccion 11
2. Hilda 12
3. Poesias Dedicadas A Mi Esposa, Hilda 13
4. A Tu Ventana 14
5. Mariposa 15
6. Mi Amiga... 16
7. Cuando La Vi 17
8. Mis Ojos 18
9. Piedra Preciosa 19
10. Ven Mujer Bella 20
11. Primera Vez..21
12. Amor Fecundo 22
13. Oh Mi Novia 23
14. Mimosa..24
15. Eterno Amor.. 25
16. Mi Dulce Azucar 26
17. Amor Singular 27
18. Relampago Del Cielo 28
19. Mi Coral.. 29
20. Niña Nayade.. 30
21. Pupilas Negros 31
22. Mi Bella 32
23. Tu Unguento Sobre Mi 33
24. Bajo Tus Alas 34
25. Te Amo Y Te Quiero 35
26. Dame Tu Amor 36
27. Eres Mi Duende 37
28. Soy Tu Dueño 38
29. Cantar De Los Cantares... 39
30. Zagala 40

31.	Prado Seco	41
32.	Noches De Invierno	42
33.	Brisas Frias	43
34.	Pureza Divina	44
35.	Fidelidad Y Amor	45
36.	Eterna Vida	46
37.	Fidelidad	47
38.	Tus Labios Y Besos	48
39.	Sos Mi Faro	49
40.	Mi Vergel	50
41.	Mirame Por Dios	51
42.	Primer Beso	52
43.	Mi Pimpollo	53
44.	A Si Te Quiero	54
45.	Nosotros	55
46.	Sublime	56
47.	Mi Eterna Mitad	57
48.	Me Enseñaste A Amar	58
49.	El Primer Dia	59
50.	Hontanar Florido	60
51.	Oracion	61
52.	Dos Manos	62
53.	La Muerte	63
54.	Como Duele	64
55.	Te Vi Partir	65
56.	Mi Estrella	66
57.	El Ultimo Beso	67
58.	El Tren Celestial	68
59.	En El Cielo	69
60.	Adios Mi Amor	70
61.	Mirando Atras	71
62.	Vientos Helados	72
63.	Recuerdos	73
64.	Vivo En Silencio	74
65.	A Si Fuiste	75

66.	El Faro Viejo 76
67.	Mi Flor 77
68.	Besos De Miel Y Fuego 78
69.	Paloma Blanca..79
70.	Pastorcita 80
71.	Borrascas..81
72.	Otoño 82
73.	Te Quiero.. 83
74.	Rosa Amarilla 84
75.	Flores Marchitas 85
76.	Mi Castillo... 86
77.	No Puedo Olvidarte 87
78.	Flor Marina... 88
79.	Destino Humano 89
80.	Destino De Amarte 90
81.	Flor De Marzo 91
82.	Desumir Sus Labios 92
83.	No Te Olvidare 93
84.	Nuevo Dia 94
85.	La Bella Caminante..95
86.	Mi Barca Endrino..97
87.	Nacer 98
88.	Sufrimientos 99
89.	Soledad.. 100
90.	Suena Campana Por Dios 101
91.	Nuestro Aniversario...102
92.	Dios Del Cielo 103
93.	El Nacer Y Morir 104
94.	Dos Caminos 105
95.	Creacion 106
96.	Campanadas...107
97.	A El 108
98.	Revivir 109
99.	Morada Nuevo.. 110
100.	Precioso Dios 111

101. Eternidad 112
102. Oracion 113
103. Jesus 114
104. Mi Destino (Oracion) 115
105. Ayer... 116
106. El Amor 117
107. Juventud 118
108. La Tierra 119
109. Hoy Es Mi Dia 120

Todos los poemas de este libro florecio de mi corazon como gratitud a la mujer que me dio su corazon, amor, y cariño. No soy poeta; ni busco laureres. Solo escribi todo lo que siento y compartirlos con ustedes."

"Dedico este libro a mis dos hijos...y un especial reconocimiento a mi hijo, Walter, por su colaboracion y hacer posible esta realidad de este libro.

INTRODUCCION

Cuando habro mis ventanas,
vuelan mis poesias al universo.
Todas estan dedicadas a un solo amor,
que se fue hace mucho tiempo al cielo.
Escribo lo que siempre pienso de ella.
Porque sigue siendo mi unico centro.
Esta arraigada muy dentro mio.
Mis palabras salen de fondo de mis pechos.
La ame mucho, mucho.
La siga queriendo, queriendo.
Hoy no la tengo mas conmigo.
Mis poesias dicen todo lo que yo siento.

Abraham

HILDA

Sos una rosa que nunca se marchitara.
Su fragancia nunca se evaporara.
Hubo un comienzo, pero nunca un fin.
Tu corazon late solo para mi.

Abraham
Houston, TX, U.S.A.
November 2, 2007

POESIAS DEDICADAS A MI ESPOSA, HILDA

¡Tu hermosura fue para mi copula!
De tu nativa costa oriental me trajiste.
Tu balsamo y lo derramaste en mi.
Para ti estas poesias dignas.
El te quiero no es un misterio.
Escribo todo lo que siento con el mismo amor
que tu me diste a mi.
Flores para ti alegria al despertar.
¡Te Quise! ¡Te Quiero! ¡Te Querre por eternidad!

Tu Esposo,
Abraham
Houston, TX, U.S.A.
July 30, 2007

A TU VENTANA

Aqui esta tu trovador frente a tu ventana.
Vengo a cantarte y resonar mis sonatas.
Decirte con mis canciones vendaval de amores.
Habra tu balcon mi bella paisana.

Las notas de mi guitarra se amanecera en tu alma.
Por eso estoy aqui asomate a tu ventana.
Tengo que ver tu rostro de diurna naranja.
Y me ilumines a mi como luna clara.

Tu profundo encanto es digno de alabanzas.
Las noches brillantes me inspira cantarte mis vidalas.
Dejame amanecer muy cerca de tu ventana.
Y recibir tus dulces besos, caricias y tus gracias.

Abraham
Houston, TX, U.S.A.
February 13, 2009

MARIPOSA

Mariposa, mariposa, te veo volar todos los dias.
Revoloteas y te sientas en otras flores marchitas.
Yo estoy aqui esperandote a que te llegues a la mia.
Ni nectar es diferente. Tiene savia da vida.

Mariposa, mariposa, me ignoras y vuelas altivas.
Ven, llegate ahora que es la primavera bendita.
Mis polen son fibras para tus alas bonitas.
No te demores que los vientos son fuerte me derriban.

Mariposa, mariposa, yo te doy amparo y delicias.
Te ofresco mis retamas para que gozes sus mirras.
Quiero que te quedes a mi lado por vida
Y absorves mi plamas, hasta que llegue las sequias.

Abraham
Houston, TX, U.S.A.
June 15, 2009

MI AMIGA

Mi amiga, unica amiga.
Fue un placer. Tu compania
me deshojabas cuanto te tenia.
Fuiste mi ilusion de cada dia.

Mi amiga, infinita amiga.
Me llenaste de pasion en mi pecho.
Mi noches fueron dulce vigilias,
cuando llegaste bajo mi techo.

Mi amiga, inseparable amiga.
Radiante como flor de espiga.
Tu fidelidad nacio del cielo.
Siempre humilde y presto.

Mi amiga, inolvidable amiga.
Me colmaste de tu sabiduria.
Fuiste mi mejor alegria.
Como olvidar tu cariño muncio.

Mi amiga, eterna amiga.
Fuiste fiel y me querias.
Divino todo lo que tenias.
Nunca dejaras de ser mi amiga.

Abraham
Houston, TX, U.S.A.
November 20, 2007

CUANDO LA VI

Cuando la vi por primera vez,
me cautivo mi corazon humano.
Pense que seria solamente mia.
Fue todo lo que sentia y queria.

Su voz me quedo muy grabada.
Como un unguento derramado.
Que bonita estaba ese dia!
Queria estar en sus tiernos brazos.

Su belleza entro por mis ojos.
Su vida quedo atrapada en mis manos.
Halle lo que mi alma atesoraba.
Una mujer pura como flor de nardos.

El mar se apaciguo cuando la vio.
Porque fue mi mundo soñado.
Dios el cielo y la tierra
¿Quien te quita tus encantos?

Abraham
Houston, TX, U.S.A.
October 7, 2007

MIS OJOS

Ojos claros de sutil mirar; yo soy tu resabido dueño.
Mirame con amor y cariño. Nunca con odios y celos.
Cuando tu no me miras, de pena me muero.
Son mis dos luceros que alumbran mis noches placidos.

No bajes tus parpados. No las escondas entre tu ceños.
Mirame fijos que tus pupilas traspasen mis cerebros.
Quiero leer tus pensamientos atraves de tus ojos bellos.
Tus miradas hablan, destilando ternuras y sin recelos.

Tus ojos son dos radares que me siguen de lejos.
Son bendiciones cuando por las
mañanas me despierto,
Dandote mis besos con muchos amores y afecto.
Sin esos ojos, mi vida es desvalido y camino ciego.

Abraham
Houston, TX, U.S.A.
August 2, 2009

PIEDRA PRECIOSA

Siempre me preguntaba y pensaba,
"¿Donde estara mi piedra hermosa?"
Yo no tenia nada. Era solo pobreza.
Pero buscaba a mi piedra preciosa.

Un dia la conoci en una iglesia.
Venia de los mares te Turkesa.
Me cautivo mi corazon como una Esmeralda.
¡Bella Hermosa! La lleve a mi cuarto de rosas.

Tenia una pureza de diamantes.
Su dichosa miradas estimulaba pasiones.
Sus besos fueron frescuras de manantiales.
Su calor derretia las nieves de los valles.

En mis bazos lo arrulle con dulzura.
Fue mia por un momento de rocios.
Todo fue un extasis. Solo un sueño.
Al despertar, doblaban las campanas de la iglesia.

Abraham
Houston, TX, U.S.A.
November 28, 2007

VEN MUJER BELLA

Ven mujer de bellos ojos fulgidos.
Ninfa hermosa de sangre oriental.
No puedo vivir con tanta esperas.
En mis noches te sueño junto a mi.

Ven caminemos por los senderos floridos.
Dame la oportunidad de decirte lo que siento.
Me traes anhelos cuando mas cerca te tengo.
Dejame ser tu dueño en este dia febril.

Ven amada inyecta tu arpon en mi alma.
Que dormido sentire el ardor y la miel de tu savia.
¡Te quiero a mi lado! Cubrire tus pechos con amparos.
Es mi dicha de vivirla asi a tu lado anhelando.

Ven, quiero ver tu rostro bajo la luna clara
Nacar pura rosa sutil torrente de mi prado.
Tengo que abrazarte y besar tus labios de grana.
Y sentir tus latidos hasta que lleguen
las sombras enterradas.

Abraham
Houston, TX, U.S.A.
February 18, 2008

PRIMERA VEZ

Cuando mire a sus ojos por primera vez,
Senti que era un rosal virgen.
Salia de sus miradas calor de ternuras.
Y sus pupilas clares como de verde mares.

Cuando senti por primera vez sus caricias,
Mi sangre dormido exploro mi cerebro.
Arraigando su calor y ternuras de su manos.
Su esencia laudo me llevo con alboroso a sus brazos.

Cuando me dio por primera vez sus besos,
Mis labios estaban sedientos y deciertos.
Se habrieron despacios y absorviendo el nectar.
Endulzando mi boca, condesandose muy dentro.

Cuando me dio por primera vez su amor y deseos,
Senti anidar su alma en mi pecho.
Su sangre quedo atrapada en mis venas.
Me sego su calor derritiendose mis sesos.

Abraham
Houston, TX, U.S.A.
November 27, 2008

AMOR FECUNDO

Cada estrella en el cielo tiene sus dueños.
Tu eres la mia, tu luz parpadea en mis sueños.
El amor que te doy es unico verdadero.
El amor que te brindo es legitimo y fecundo.

La vida y el amor es un corto ensueño.
En un habrir y cerrar de ojos vuelan los tiempos.
Hoy quiero estar a tu lado con pasion eterno.
¡Siempre te confesare mis sentimientos que te quiero!

¡A Tu Memoria, Mom!

Abraham
Houston, TX, U.S.A
March 26, 2014

OH MI NOVIA

Oh, cuando me miraste apacible
Con tus bellos ojos, negro fulgido,
Mis manos te acariciaron suavemente
A tu dulce rostro benigno.
Tus labios se acercaron al mio
Para darme tu primer beso cupido.

Oh, que alegria mi espiritu avido,
Se encrusto en mi pecho bullido.
Las hondas de mi corazon palpitante
Llegaron hasta el mismo cielo bendito.
Por mis venas fluian brasas como rios
Que quemaban mi cuerpo, como llamas de rocios.

Oh, mirando al cielo dije, Señor,
¡Ya tengo lo que mas quiero lo mio!
Un angel me guiño y me dijo, ¡Amalo!
Porque es miel del mismo paraiso.
Ningun viento sierzo lo llevara a otro destino.
La enrrollare en mis noches y le dare mi amor genuino.

Abraham
Houston, TX, U.S.A.
July 23, 2010

MIMOSA

Mirando solaz a mi adorada que reposa serena,
Mi corazon se llena al ver su semblante.
Mi sangre se aviva viendola silenciosa.
Mis parpados habiertos velan su sueño de rosa.

Sus pestañas largas cubren sus ojos.
Ruby son sus labios, brilla como centella.
Tempranas mejillas sobresalen de su rostro.
Su dientes son perlas de mares escondidas.

Cuando duermo mis ojos se cierne.
Mis manos acarician su cabellera rubia.
Las hondas de mi besos rosan sus frente tibia.
De su rostro dulce asoman sonrisas mimosas.

Abraham
June 28, 2011
Houston, TX, U.S.A.

ETERNO AMOR

Tu esplendor estaba lejos escondido
Detras de un bello luminoso horizonte
Como el alba naciente te alumbre
Y te llame por tu noble nombre.

Cuando yo me llegue a tu vida,
Mis sombras se deciparon de repente.
Tu calor deshielo mis gelinda noches,
Como rayos de sol perpetuaste en mi ser.

Alza tus ojos y mirame luciente
Yo estoy aqui para amarte.
Llevare tu cruz y tus sueños
Y todas tus penas y dolores.

Yo sere tu perpetuo espiritu
Y tu eterno enamorado duende.
Mio sera tu amor, mio tu querer
Con pasion encendida, te amare siempre.

Como el sol te alumbrare de dia,
Y como la luna de noches,
Germinaras en mi corazon
Como las flores mas bellas silvestres.

Abraham
Houston, TX, U.S.A.
04-05-14

MI DULCE AZUCAR

Mi Dulce Azucar, Mi Dulce Azucar,
Tu siempre renaces como el oda.
Cuando llega el alba fugaz,
Solo pienso una cosa, que seas solamente mia.

Mi Dulce Azucar, Mi Dulce Azucar,
Tus encantos se reflejan en las alturas,
Poniendo baladas a nuestros dias beatas.
Tu cuerpo se exalta bajo la luna de plata.

Mi Dulce Azucar, Mi Dulce Azucar,
Mis labios hallaron tus rojas llamas.
Quiero que tu alma se apiñe a la mia,
Aqui en la vera de este perpetuo mar.

Abraham
Houston, TX, U.S.A.
October 28, 2013

AMOR SINGULAR

Yo miro siempre la hermosura del mar
Pero son tus ojos que yo anhelo contemplar.
En ti hallo la aurora y quiero despertar
Caminando por el mismo sendero que nos lleve al altar.

Alli quiero jurar ante Dios mi lealtad
Amarte y quererte para siempre con fidelidad
Vivir a tu lado y sentir tu amor y bondad
Sere para ti el sol de oro, y tu la luna de plata singular.

Abraham
Houston, TX, U.S.A
March 11, 2014

RELAMPAGO DEL CIELO

El sol se paro cuando te vio.
La luna se escondio por tu belleza.
Dime, ¿De donde vienes preciosa?
¿A donde te vas sin dejar huellas?

Dios me dio la suerte de conocerte.
El cielo te trajo como una inmensa ola.
Quiero que tu seas mi medio dia
Y mi amor florecera en ti, como una primavera.

Hermosa relampago del cielo.
Tus llamas arden en tus arterias
Y quemas mi cuerpo con frenesi.
¡Tu me enloqueses! Yo no puedo vivir sin ti.

Abraham
Houston, TX, U.S.A.
April 16, 2011

MI CORAL

Extiende tu cordel, mi ninfa.
Mira, tu eres mi cancion enamorada.
Con pasion te espero verte siempre.
Vestida rutilante azul de luna matutina.

Sos la reina de mis ojos.
Llamo tu nombre en las auroras.
Habre las ventanas de tu alma,
Y escucha en tus oidos mis dulce adas.

Tu cuerpo es como el coral.
Y yo soy de aguas calidas.
Te dare mi calor para que vivas.
Dormiras en mi pecho por larga vida.

Abraham
Houston, TX, U.S.A.
November 2, 2009

NIÑA NAYADE

Hermosa eres; tu tienes el secreto del amor.
Tus ojos dejan estelas al mirar.
Haces estremecer mi alma de torrente.
Tus lluvias platonicas matizan mi sangre.

Como estrellas ardientes iluminas mis noches.
Tus parpados al habrir y cerrar me hablan vivido.
Tu dulzuras primaveral brotan de tus pechos.
¡Oh niña del rio! La luna refleja en ti y tu en mi alba.

Sos mi sueño simbolo de niña nayade.
Tus murmullos me llega como olas de mares.
Que tocan mis playas con tus ondas facinantes.
Tus vientos cefiros impulsan tus caricias suaves.

Abraham
Houston, TX, U.S.A.
March 26, 2011

PUPILAS NEGROS

Puedo leer de tus pupilas negro
Lo que tu piensas en tu cerebro.
No puedes desmentirlo. ¡Mirame!
¡Confiesalo! No mientas. Es cierto.

Tu ardiente fuego brota de tu cuerpo.
Se que me quieres, pero lo ocultas.
Porque tienes celos, muchos celos.
Al mirar en tus ojos, contemplo chispas de deseos.

Tu rostro es un espejo limpio.
Tus pupilas son ventanas al cielo
Y me veo dentro tuyo, muy dentro.
Se que me quiere. Yo tambien te quiero, te quiero.

Abraham
May 25, 2011
Houston, TX, U.S.A.

MI BELLA

Oh Mi Bella aura luciente.
Sos la mas bella del alba.
Me deleitas con tu hermosura.
Sos llena de sol y energia.
Como brisas de nieves
Resfrescas toda mi vida.
Tu boca roja y tus petalos rosados
Emerges miradas dulces
Y lo trasformas en delicias primorosas.

Tu ensanchaste mi corazon
Con tu amor y ternura
Sos mi faro y lumbre
En mis noches de tinieblas
Me envuelves con tus encantos
Embriagandome con tu armonia
Dentro de mis ojos negro
Tu luna siempre brilla
Tu roja savia corre y corre
Alojandose en mis medulla por vida.

Sos una flor de un solo nombre
Tienes el nectar de un durazno
Que me hace titilar todo mi ser
Mi muñeca de carne y huesos
Que tiene alma y vive
Adorna mi alcoba y sonrie
Somos dos perenne, dos capullos, dos seres
Bogaremos juntos en un oceano
Hasta que una estrella nos recoja para siempre.

Abraham
Houston, TX, U.S.A.
November 20, 2011

TU UNGUENTO SOBRE MI

Antes de conocerme, yo te conocia.
Antes de amarme, yo te amaba asi.
Dentro la luna llena, veia tus ojos.
¡Y tu! Mirandome siempre fijo en mi.

Mañanas y noches te busque con frenesi.
La estrellita del sur me guio hacia ti.
Te abraze y senti el calor de tus labios carmesi.
Tu amor puro se arraigo como un rosal en mi.

Tu eres mi pequeño mundo florido
Donde yo siempre soñe vivir.
El tiempo te desnudo antes mis ojos
Tu copa de unguento lo derramaste sobre mi.

Abraham
Houston, TX, U.S.A.
February 28, 2012

BAJO TUS ALAS

Mi corazon, Mi cielo, ¡Te quiero!
Tus ojos de panteras me tienen preso
Tu amor rezuma como albahaca
Sin tu ifluvio rocio desierta mi cuerpo.

La noche comienza a fraguar
Una cancion los grillos te cantan
En mi pecho una llama redonda
La luna llena esta bañando de plata.

¡Oh mi niña, mi zagala, mi gitana!
Sos crepusculo sol poniente noches de hadas
Siempre soñando tus pechos de llamas
Ven corre las brumas del mar nos ampara.

Mirame quiero dormir bajos tus alas
Sentir tu sangre correr palpitante
Como aguas torrente de las montanias
¡Te amo! Tus sos la razon de mis cantos, mi luna clara.

Abraham
Houston, TX, U.S.A.
December 5, 2011

TE AMO Y TE QUIERO

Yo te amo y te quiero.
Te tengo en todo mis carnes y huesos.
Oigo tu voz en el cantar de las gaviotas,
Y en el sumbido de los vientos.

Asi como la nieve se derrite
Y se desliza como un rio,
Tu te deshielas en mis venas,
Y corres por todo mi cuerpo.

Yo te amo y te quiero.
Te veo en los mares y alli arribe en los cielos.
Tu me iluminas como la luna llena,
Y vives siempre en mis sentimientos.

Abraham
Houston, TX, U.S.A.
October 27, 2009

DAME TU AMOR

Mi corazon esta lleno y te invoca
Por tenerte en mis bazos perenne
El tiempo no existiria si no fuera asi
Sin ti me consumo y mi alma voga.

No quiero morir sin tus besos
Mis labios se impacientan mariposa
Tus besos son como copas de licol
Que hacen elixir en las puestas del sol

Tu cuerpo es inefable extasis de mis ojos
El dia que mi quieras sera beatitud de los dos
Mi divina estrellita…¡Dame tu amor!
La noche nupcial esta aprovado por Dios.

Abraham
Houston, TX, U.S.A.
January 28, 2012

¡Feliz Aniversario, Mom!
¡Te quiero!

Pop

ERES MI DUENDE

Tu dicha es maravilloso para mi ser.
Me das alegria, eres unica mi perenne.
Me acuesto y despierto buscando tu rostro.
Mis deseos y suspiros no lo oculto, eres mi duende.

Mi sangre corre como un arroyo reguero
Diciendote todos los dias cuanto te quiero
Desesperado vuelo como gaviotas a las alturas
En busca de tu sol para sentir el calor de tus llamas.

El dia de ayer es un vestigio como despertarla
El mañana llegara pronto y dara sus hazañas
Hoy es el dia extiende mujer tus bellas alas
Cuando duermo quiero sentir tu aletear sobre mi cara.

Cuando la noche comienza a envolver en un ensueño
Quiero besar tu frente y decirte duerme en mi pecho.
Y que dejes tu huellas marcadas hondo para siempre
Yo velare por ti hastas que las horas vuelen eternos.

Abraham
Houston, TX, U.S.A.
February 12, 2014

SOY TU DUEÑO

Que bonita es tenerte en mis brazos
Que hermoso sentir tus caricias.
Otros te pidieron tu amor sublime,
Pero tu me lo diste a mi alborosa.

Voces de envidias resonaron de los que te invocaron.
¡Si! Yo soy tu dueño me gustas mariposa.
No puedo dejar de mirarte; tu aroma me incita.
No hay nada mejor; tu amor me es vital diario.

Vivir junto a ti es tener alegrias espontanias.
Ere un pedazo de cielo aqui en la tierra.
De tu personalidad fluye dulces consuelos de riquezas.
Tu corazon me es legitimo; mi conquista es autentica.

Abraham
Houston, TX, U.S.A
March 30, 2014

CANTAR DE LOS CANTARES

Mujer hermosa, sos mi vida.
Al cantar de los cantares, los hiciste realidades.
Las viñas y huertos son nuestras rondas.
Sueños de gozos, noches de azahares.

Cuando tu no estas a mi lado,
Mis noches no reposan.
Al no ver tus ojos y labios,
Dos cosas que si no la tengo, me condenan.

Sos mi corazon y toda mi fortuna,
Ya tengo todo lo que el hombre necesita.
Llevar en el alma muchas alegrias.
Bendito el dia que llegaste a mi vida.

Abraham
Houston, TX, U.S.A.
October 23, 2009

ZAGALA

Muchachita zagala, sos mi novia y mi sol.
Estas siempre sonriente y jovial.
Caminando arrullas tus zapatos de modas.
De tacos Luis quince y muy ruidazal.

Tus ojos pintarrajiados de color verde.
Desmenuzado, me miras con amor.
Sos una flor delicada y muy suaves.
Que tus petalos recien se habren en par.

Cuando la luna replandece en tu rostro.
Muestra tus purezas angelicales.
Tu vida es todo color rosas perfumadas.
Vives en tus primaveras eternal.

Nadie a conocido tus encantos puros.
Quiero recogerte de tus arbol paternal.
Antes que madures en tu vida precoz,
Siendo yo el dichoso de llevarte al altar.

Abraham
Houston, TX, U.S.A.
September 20, 2009

PRADO SECO

Cuan amable son mis noches.
Anhelando tu alma con ardientes deseos.
Mi corazon goza antes tus latidos
Mis noches son venturosos porque tengo tus besos.

Es hermoso habitar junto a ti.
Porque el sol brilla en tu rostro.
La luna ilumina tu cuerpo.
Dichoso soy yo te tengo en mis pecho.

Soy un prado arido sin agua.
Cuando tu manantial no corre por mi cuerpo,
Tu riegas todo mi ser hasta los mas intimos.
Haciendo germinar mi prado seco.

Abraham
Houston, TX, U.S.A.
March 10, 2010

NOCHES DE INVIERNO

La luna estaba menguante
En esa noche de invierno.
La abraze contra mi pecho
Cobriendola del crudo cierzo.

Dandole me calor muncio
Se quedo mirandome quieto.
La acaricie su cuerpo tremulo,
Y la noche trajo su romantico cuento.

Puso sus manos en mi cuello
Y me dio un beso largo tieso.
Me despidio con una buena noche te quiero.
La luna se escondio tras las nubes densos.

Abraham
Houston, TX, U.S.A.
October 20, 2009

BRISAS FRIAS

Como oro siempre resplandeces
Cuando el sol raya en tu cara,
Brillas como nieve puras
De las altas cordilleranas.

Como brisas frias bajas
Perfumando mis sueño en el alba,
A mi sangre candente lo refrescas
Trayendo tu amor en las madrugadas.

        Abraham
   Houston, TX, U.S.A.
    August 21, 2010

PUREZA DIVINA

Quiero sellar tu boca roja.
Es lo que mi corazon invoca.
Juntar tus labios con el mio,
A si ver tu cara cerca, muy cerca.

Resplandece el cielo en tus ojos
Donde brilla tu pureza divina.
Quiero sostenerte en mis brazos,
Y que tus caricias me adormescan.

Tu amor es fuente cristalina.
Mi alma esta de esperanzas placentera.
Te miro, te miro y tu mirandome estas.
Sos mio, Sos mio. ¡Lo gritare hasta la eternidad!

Abraham
Houston, TX, U.S.A.
March 31, 2010

FIDELIDAD Y AMOR

Yo la busque por muchos largos años.
Ella se llego en una tarde gris de mayo.
El mar fue testigo y la luna su tutor.
Fue candil de oro y frescura de flor.

El arroyuelo corria con sus bullicios.
Sonaba como rapsodia en nota menor.
Las golondrinas gorjeaban con silbidos de amor.
Ella entregaba toda su riquezas de su corazon.

El cielo azul nos daba su calor.
Su belleza estatica generaba pasion.
Cuando las campanas vibraron por los dos
Caminamos al altar con fidelidad y amor.

Abraham
Houston, TX, U.S.A.
April 26, 2011

ETERNA VIDA

Mi gaviota de un mar facinante
Por debajo de tu piel tornasol
Hay un rio que corre y corre
Que se llama solemne ternura.

Mi mujer de luna llena
Eres una estrella del firmamento
Que de lejos brillas y brillas
Y de cerca quemas con tus energias.

A los largos de los años vividos
Siempre me alegras en las mañanas
Y en las tardes me das tus sonrisas
En las noches tu excelso compania.

Somos dos palomas volando
Que nos unio una vez la vida
Nuestro amor tiene profundidades perpetua
Tu eres solamente mia por la eterna vida.

Abraham
Houston, TX, U.S.A.
December 20, 2011

FIDELIDAD

De tus suave cuellos, mis besos resbalan arrullandote,
Dejando las huellas como en las arenas mojadas.
Tu hermosa piel morena broceado por el torna sol.
Te da un color barniz rutilando bajo el calor de la playa.

Las brizas me trae tu fragancias
mezclado con el yodo de mar.
Acariciandote febril, te prometi mi fidelidad.
Me pusiste tu mano sobre la mias y
me diste un beso fraternal.
Mirando el horizonte verde comprendi
que habia llegado el hada.

Siempre te busco con anhelo. Sin
ti no puedo hacer nada.
Mi corazon se perpetua en las
noches en infinitas llamas.
Quiero que tu manton me cubra
dandome tu calor anciada.
Resplandeces como diafana cuando
la luna alumbra tu cara.

Abraham
Houston, TX, U.S.A.
September 15, 2009

TUS LABIOS Y BESOS

No quiero que la luna me robe mis besos,
Ni la noches frias tus dulce sueños.
¡Ven! Dame el calor de tus cuerpo muncio.
Cuando tengo tus labios y besos, ¡Oh, entonce yo vivo!

Si no te llegas a mi esta noche presto,
Las rosas lloraran sus lagrimas de rocios.
Sus gotas seran como vinos añejos.
Al rosar mis labios me dejaran ebrios.

Tengo que acariciar tus piel de albura.
Y que mis manos resbalen de tus cuellos.
No me tortures esperandote airosa.
Si no tengo tus labios y besos, Oh entonce yo me muero.

Abraham
Houston, TX, U.S.A.
October 15, 2009

SOS MI FARO

Tu naciste para vivir siempre a mi lado.
El tiempo fue sabio. Te engendro en mi arbol.
Ambos nos llamabamos antes que nos conocieramos.
Tu vida fue coronada por un destino marcado.

El halo de tu luna llena penetra en mi atrio.
Brilla tu fulgor siempre en mi constelacion humano.
No hay otra luz. Tu eres mi unico astro.
Sos mi faro alumbrando mis costas desvairos.

Todas las mañanas recojo tus rosas entre habiertas.
Su aromas me llenan de inspiraciones intimas.
Tu hada hace mis noches en extasis placidas.
Es hermoso vivir amandote y sabiendo que sos mia.

Abraham
Houston, TX, U.S.A.
June 5, 2009

MI VERGEL

Mis auroras son alegrias.
Tu sol se adherio en mi.
Tu amor solemne es mi existencia.
Cultivas mi corazon y lo haces vivir.

Tus lluvias platonicas riegan
A mi vasto retamas y vergel.
Mis huertos estan siempres florecidos
Por tener un fasto labrariego como tu.

Tu corazon es prodigo y estuario.
Regalas sin blasonar o pedir.
Sos simple como una paloma.
Si oreas con recelos y presumes.

Mi vida seria tristed y veda
Si no te tengo cerca de mi.
¡Eres bonita! Tus ojasos grande
Me miran con remansos frenesi.

De los altos paramos nevados
Baja las frescuras de tu rocios
El alba no llega, y el sol no sale
Si no beso tus labios tibios carmesi.

Abraham
Houston, TX, U.S.A.
June 30, 2012

MIRAME POR DIOS

Las estrellas te miran en las noches
Y de dia el sol te da su calor
Yo quiero que tu me mires
Y me des tu sirope de amor.

Sin tu mirada yo no vivo
Porque eso aprueba mi cancion
Tu tienes dos bellos ojos
Y yo un corazon para los dos.

La luz de tus ojos me da vida
Tu mirada es mi cancion
Nunca dejes de mirarme mi amor
Porque todo se muere por Dios.

Abraham
Houston, TX, U.S.A.
August 26, 2012

PRIMER BESO

Cuando te abraze en esa noche de luna
Alli en la riviera del rio undorso largo
Mis manos te acariciaron suavemente
Y me diste tu primer beso azucarado.

Los sauces se inclinaron besando el rio
Los grillos cantaban en el campo
En mi pecho te anidaste dulcemente
Bajo el cielo azul de un mes de mayo.

Tus pupilas como centellas trasparentes
Reflejaban sobre el rio como rayos
La noche con sus mil ojos brillandos
Fueron testigos de un amor solas inefables.

Abraham
Houston, TX, U.S.A.
11-25-12

MI PIMPOLLO

No te amo solamente por amarte, dulce mia.
Ni te quiero por evidencia o querencias.
Pero si te adoro como una Diosa Divina.
Nuestro amor que perdure por vida.

Que tus pasos no se desvien por otros caminos.
Ni tus ojos bravos no me miren con engaños.
Mis manos siempre te acariciaran con encantos.
El preludio de tu suspiros me adormecera por años.

Tu hermosura es un jardin de limoneros y nidos
De tulipanes, rosas rojas y aguas cristalinas.
Cuando tus labios se habren por un beso puro,
Es como un pimpollo que brota de tu alma prodigiosa.

Abraham
Houston, TX, U.S.A.
October 20, 2010

A SI TE QUIERO

Cariñosa, mi alma se derrama y se consume
Mi corazon se exalta cuando no te tengo
Sos mi obsesion, te miro como a un espejo
Sospiro por tu amor, e invoco mi azul del cielo.

Dejame hablarte, susurrandote a tus oidos
Para que nadie pueda oir mis secretos
Mis labios dilatados esperan tus dulces besos
Y embriagarme con el calor de tu cuerpo entero.

Amanecer y percibir tus destellos de luz y fuego
Y en las noches cubrime con tu manto el frio
Alborozo canto diciendote cuanto te quiero
¡Que esta dicha camine por un mismo surco eterno!

Abraham
12-15-13
Houston, TX, U.S.A.

NOSOTROS

Fuiste y sos la alegria de mis ojos.
El futuro fue siempre nuestro.
Tengo mucha suerte de encontrarte.
Entregandome tu vida sublime al mio.

Te prometi de amarte antes el altar.
Y tu serias mi compañera y amiga eterno.
Juntos creamos cosas en la vida.
Y un hogar llenos de amor y de embelesos.

Al mirar siempre tus ojos hermosos.
Gozo de tu luz y suspiro por tus besos.
Mirame bien a mis ojos fijos,
¡Y solo veras una cosa, que te quiero!

Abraham
Houston, TX, U.S.A.
November 9, 2009

SUBLIME

Cuan sublime fuiste para mi vida.
Apresaste mi alma con tu dulce alegria.
Tenias vertientes de dones primorosa.
Fuiste el aljibe donde yo sacabas las aguas de delicias.

En mi recinto te busco. Yo te ame con solemnidad.
La luz de tu reverbeo gira como faro en mi bahia,
Alumbrando mis aborrascas en las noches de tinieblas.
Tu diafana llega hasta alli donde mi oscuridad termina.

El divino destino encendio este brio nuestro.
Dos vidas que se juntaron al final de un camino.
Cruzes de miradas sin palabras nos amamos intimos.
Mi pecho fue tu remanso, alli depositaste tu arcano trino.

Abraham
Houston, TX, U.S.A.
April 9, 2009

MI ETERNA MITAD

Nunca entendere todo en la vida
Solo se que tengo lo mejor que hay
De todo el universo, solamente una
¡Mi Novia! Flor delicada, mi unica mitad.

No te lo dire todos los dias
Pero yo se que otra no hay
Sin ti, mi vida nunca estara completa.
¡Mi Roja llama! Tu eres mi unica mitad.

Mis sentimientos estan sembrados
Sobre tu rosa, mi Dama Oriental
Tu retama es la miel de mis sueños
¡Mi Sol! Mi Almendro, mi toda eternal mitad.

Abraham
Houston, TX, U.S.A.
January 6, 2012

ME ENSEÑASTE A AMAR

Siempre que te tengo en mis brazos,
Tus ojasos me miran con pasion.
Tu amor llega asi a mi pecho.
Con encuentros febriles, ¡tu me enseñaste a amar!

Cuando es sol, despierta en el alba,
Brilla la armonia y la felicidad,
Que mi alma con ancia se rinde.
A una ilusion dulce, ¡tu me enseñaste a amar!

Sos mi prenda, mi tesoro, te venero corazon.
Que nunca me falten tus caricias.
Seria muy dificil de soportar.
Muñequita primorosa, ¡tu me enseñaste a amar!

En las noches tu lindeza brilla como cristal.
En mis brazos mimorosa tus caricias me das.
Te amo, te quiero, no podes medir la profundidad.
Sos mi fortuna y mi sueño, ¡tu me enseñaste a amar!

Abraham
Houston, TX, U.S.A.
March 26, 2010

EL PRIMER DIA

Recuerdo que vino a verme el primer dia.
Tarde de mayo fue nuestra cita.
Fue un encuentro vital para nuestra elegia.
Dulce pasion que ya no retornaria.

Me quedo grabado su figura delgada fina.
Sus ojos grandes y pestañas largas caidas.
Sus labios marcados con pintura rojiza.
Cutis ampo pan y su voz suave cristalina.

Los años afirmaron nuestra primera cita.
Los dos juntos caminamos por los cerros de la vida.
Se junto su sangre con la mia.
Me dejo y se fue a un mundo de maravilla.

Pienso que de algun horizonte me mira.
Cierro mis ojos y quiero alcanzar esos dias.
Sus besos reposan en mis labios todavia.
Y me sigue desvariando como el primer dia.

Abraham
Houston, TX, U.S.A.
February 5, 2008

HONTANAR FLORIDO

Como la luz del sol se aferra a este mundo,
Asi tu me iluminas con tu presencia fulgido.
Sos chispa encendida que revoloteas por el viento.
Y me llenas de delirios ardientes hasta lo mas intimo.

Nadie comprenderia mi dolor y agonia
Si yo no te tengo en mi cuerpo apego.
Como el rocio que se evapora hacia el cielo,
Sin tu amor mi alma se consumiria en recelos.

Dulce pequeña mia, rosa de mi rosal
Mi corazon habierto es para ti de par en par.
En tu hontanar hermoso, fausto florido
Alli quiero estar para siempre juntos dormidos.

Abraham
11-25-13
Houston, TX, U.S.A

ORACION

Dios, vengo con suplicas y lagrimas.
Mi fe esta en tu divina providencia.
Me hundo con mis dolores en miseras esperanzas.
Mis heridas tambien me sangran.

Llevo dentro de mi cuerpo tu cruz pegada.
Los sufrimientos angustian mi alma.
No se como deshacerme esta pena que no pasa.
De dia me amarra y las noches son vigilias largas.

Estoy navegando en un mar tremulo.
No temo. Yo se que tu no desamparas.
Si es mi copa de caminar entre espinas y brasas,
Te ruego que no tardes recojame en tus divinas alas.

Es penosa las sendas de mi vida diaria.
Levanto mis ojos al cielo y espero con calma.
¡La muerte no me espanta!
Solo dormire en tus brazos y despertare en tus moradas.

Abraham
Houston, TX, U.S.A.
July 30, 2008

Dedicada a mi querida esposa, Hilda.

DOS MANOS

Antes de cerrar sus ojos grises,
Me pidio mis manos en su rostros.
Queria sentir el calor de las mias,
Que siempre la acariciaron con encantos.

Puse mis dos manos sobre sus caras,
Y la apreto fuerte con las suyas.
De sus labios salieron dos palabras,
Con voz suave dijo, "Te quiero, Te amo."

Asi nos quedamos por un rato,
Sus dedos se fueron debilitandose.
Sus manos resbalaron por los costados.
Y mis dos manos sintieron la fria muerte.

Abraham
Houston, TX, U.S.A.
October 10, 2009

LA MUERTE

Estaba acostado sobre mis brazos.
Sus cabellos rosaba mi cara sudados.
Tenia sus ojos grises apagados.
Sus manos frias metidas en mis costados.

De pronto su cuerpo se aflojo y caducio.
Sus ojos grandes quedaron semi habiertos.
Queria seguir mirandome frio yerto.
Diciendome cuanto te amo y te quiero.

Se fue con una sonrisa leve.
Porque vio angeles rodeados.
La abrase queriendo parar a la muerte.
Me dijo, "Presuncion" No luches ya es mio.

Abraham
Houston, TX, U.S.A.
December 30, 2007

COMO DUELE

Doloroso es ver partir la luz de mis ojos.
Lejos de su lado, no hay vida ni gozo.
Quisiera que regresara el antano dichoso
Para reviver y recrear el hada oculto.

Camino buscando mis horas perdidas
Volver a tenerla imantada en mis brazos
Corsales fueron sus pelos dorados
Que cubrian mi rostro con su fragancias.

Fue la flor de alheli de mi jardin
Dueña de mi alma rosa intacta
Canto al cielo por haberme dado esta dama
Niebla lejanas ocultaron su rostro de plata.

Sus dias cortos pasaron fugaz
No dejo su fuego. Solo cenizas claras
Cubierto de nieve esta sus verdes gramas
¡Esencia! Duerme en una tumba helada.

Abraham
Houston, TX
September 12, 2007

TE VI PARTIR

Una noche de Marzo, mi alma quedo desnuda.
Te volaste hacia el alba pura.
Me dejaste en una profunda sima.
¡Mi Hermosa! Tenia mi ser y mis fibras.

Resignado a esta cruel razon,
Te alejaste de mis pupilas.
No puedo creer delirio que fuieste mia.
¿Donde estas que ya no palpitas?

Mi corazon se fue tras tus ojasos.
Porque me apasionabas cuando me mirabas.
Tu partida deserto nuestra almuhada.
¿Y no besas a tu dueño que te amaba?

Tu encanto me traia armonia.
Por eso me uni a tu hermosa vida.
¡Mi niña! Te fuiste con tu eterna sonrisa.
Descansa, duerme en paz entre flores marina.

Abraham
Houston, TX
August 23, 2007

MI ESTRELLA

Porque te fuiste, mi muñeca
Porque te fuiste, mi sol
Yo se fueron las angustias
Ya no podias soportar tanto dolor.

Dentro de ti llevaste todas tus beatitudes
Y tus encantos se evaporaron como rocio
Mojando mis pupilas en el alba
Pero tu corazon sigue palpitando en mi.

Sos mi rosa que nunca se marchitara
Y su fragancia siempre permanecera en mi
Si hubo un comienzo en nuestras vidas
Pero jamas habra un fin.

No lloro sobre tu tumba fria
Porque yo se que tu no estas alli
Sos un pajaro que vuela en el horizonte
Y una estrella que brilla sobre mi.

Abraham
Houston, TX, U.S.A.
October 20, 2012

EL ULTIMO BESO

Cuando su corazon se detuvo de latir,
La sangre dejo de recorrer su camino.
Senti volar la muerte fria a su destino.
El eco del pendulo se oia venir del infinito.

Quise derle mi ultimo beso.
Sus labios no respondieron al mio.
Dejaron sus ojos de mirarme calidos
Su cuerpo estaba inerte vacio.

Fue mi bella ilusion nacio par mi
Pero el destino se interpuso ante el mio.
Se adueño de su alma pura.
Extendio su manto entre su cielo y el mio.

Las rosas cubren su tumba marcada.
Llegando las raises a su sueno profundo.
Perfumando su lecho precario frio.
Con aroma de lodo y barros hundidos.

En los tiempos despertara victorioso.
En un cuerpo nuevo divino.
Entonse me dara sus labios en la aurora.
En un beso que perdurara por los siglos.

Abraham
Houston, TX, U.S.A.
July 7, 2008

EL TREN CELESTIAL

Una noche gris de Marzo
Con mis ojos cansados y tristes
La vi volar hacia las nubes
En el tren celestial.

Con un nudo en la garganta
Con el alma echa pedazos
Le dije adios a mi amada
Se lo llevo el tren celestial.

Con los brazos en altos
Quedaron las vias vacias
Me quede muy solo llorando
Ver alejarse el tren celestial.

Tengo el dolor y la agonia
De un adios que es fria y dura
Volo como un albastro a su destino
Atravesando el infinito el tren celestial.

Aun estoy murrio en el anden
En esta vieja estacion de tren
Esperando que llegue el expreso
Para asender al tren celestial.

Abraham
Houston, TX
August 12, 2007

EN EL CIELO

La noche se lleno en mi corazon.
Cuando partiste, yo senti morir.
Angustia en mi pecho, penas, y dolor
Yo seguire tus pasos hasta alli.

Hoy estas en El Paraiso Eterno
Frente a tu dulce Salvador
Vestido de lino puro blanco
Gozando de Su presencia y amor.

Caminando entre las frores
Que te miran al verte pasar
Asombrada ver tu belleza
Te saludan sin cesar.

Las penas y dolores
Ya no te pueden tocar.
Te burlas de la muerte
Porque sos un ser especial.

Estas feliz y gozoso ahora
Disfruta vida mia el mas alla
Porque pronto estaremos contigo
Y con Cristo en la eternidad.

Abraham
Houston, TX
August 7, 20

ADIOS MI AMOR

Siempre fue alegria tu presencia junto a mi.
Tu amor y ternuras no tenia fin.
Fueron sublimes las noches junto a ti.
Las vigilias no llegaban sin tu calor febril.

En mi corazon te recuerdo con pertinaz.
Te escribo estos versos con dulce añoranzas.
Te supe amar, te supe amar con venerencias.
Tu pistilio de flor aun florece con querencias.

Me es muy dificil vivir sin verte o olvidarte.
Yo se que te e perdido. Ya nunca volveras.
Adios mi amor para siempre mi ultimo adios.
Hasta que te vuelva a verte en la eternidad.

Abraham
Houston, TX, U.S.A.
April 3, 2010

MIRANDO ATRAS

Mirando a un cielo azul luminoso,
Mi mente se amarra a una cruda realidad.
Pensando en un amor que fue sublime y puro.
Que hoy su corazon no late mas.

Mis nostalgias me llevan muy lejos,
A un paraiso queriendo penetrar.
Con ansias busco sus labios puros.
Pero hoy ya no lo puedo besar.

Densas nubes cubren sus moradas eternas,
Donde mis faros ya no puede iluminar.
Un pasado me espera para siempre
Recordando su cara y su nombre con dulce fidelidad.

Abraham
Houston, TX, U.S.A.
June 1, 2010

VIENTOS HELADOS

Mi rosa se marchito raudo
Antes los vientos helados
Con mucho dolor y confuso
Vi secarse sus verdes tallos
Fue triste ver como se deshojaban
Sus hermosos petalos blanco.

Entre surcos desechos voy caminando.
Errante pisando tierras duras
Queriendo alcanzar su horizonte bello
Pero se alejo de mi, se fue muy dentro
Quedando clavados mis ojos en el reflejo
Ella prosigue su camino al paraizo divino.

¿Tanto puede pesar a uno?
¿Vivir dias y noches en lamentos?
Nada consuela de haberse aferrado
A un amor luminosa que subio al cielo
Me siento arrastrado por el tiempo
Que me empuja a un dulce sueño eterno.

Abraham
May 20, 2011
Houston, TX U.S.A.

RECUERDOS

Mis recuerdos nacen a tus memorias llenos de llamas.
Estos versos son cantos a mi primavera escarlata.
Radiantes son tus amaneceres al rayar el alba.
La luz immortal te baño de nieve, mi luna ambar.

Mañanas tardes y noches se cuentan tus dulce dumbres.
Siento una ancia infinito de acariciar tu cara.
Ven con tu arpa divino y dame tus serenatas.
Alma quiero ser y me fuese a tus vigilias de plata.

Estoy tendido en nuestras playa de arenas blancas.
Mirando el horizonte verde de un mar calma.
Las gaviotas circulan trayendo tus sinfonias de adas.
Las olas mojan mi cara y en ellas siento tus labios ahondadas.

Abraham
Houston, TX, U.S.A.
April 2, 2011

VIVO EN SILENCIO

Señor, ya hace tanto tiempo que vivo en silencio
Un dia como este se fue dejandome en un invierno
Ya no hay albas en que ella retorne a su dueño
Y no hay noches en que yo bese sus labios tibios.

Deste entonces mi corazon nunca olvida
Recuerdo como aquella noche yacia fria
Engurrio mi alma al darle mis ultimos besos
Aun en mi pecho sus llamas arden y suspiran.

¿Señor, como la dejare que habite en el olvido?
Cuando ella fue todo lo que he tenido
Le grito al tiempo que se llevo mis delirios
Aqui le traigo las flores mas bellas que he recogido.

Abraham Houston,
TX, U.S.A.
March 26, 2013

A SI FUISTE

Fuiste inspiracion y energia.
Tus dias fueron alegrias.
Luchaste dando dichas.
Siempre dulce como yo queria.

Compartistes tus cosas a cuantias.
Enfrentando dolores con valentias.
Repartiste dulcisimas armonias.
Un dia a la vez fue tu sabiduria.

Luz faro a navegantes
De las costas de tus bahias.
Hoy te busco en mis plantas sumidas.
Solo Dios sabe da y quita.

Me diste muchas dulzuras.
Me entregaste años de tu dias.
En mis timpanos me suena tu voz.
En mi corazon lates por vida.

Abraham
Houston, TX, U.S.A.
September 20, 2007

EL FARO VIEJO

Noches azules, noches de playas y recuerdos.
Aqui en esta rivera fue todo amor y sosiego.
Solaz cierro mis ojos, sueño y sueño
Un ayer que el mar se lo llevo muy dentro.

Hermoso oceano, cuentame su misterios.
Los tiempos galoparon por las estelas del viento.
Lo que quedo atras no puedo retenerlo
Y quema en mi cuerpo un oculto fuego.

Sentado bajo este faro viejo, la espero.
Aqui donde fue nuestro sitio secreto.
Ambos juramos nuestro amor perpetuo.
Y mirando al mar nos dimos un beso eterno.

En las noches de luna llena, me llego
Bajo el mismo faro viejo que iluminaba lo nuestro.
Las olas recias me hacen vibrar mi pecho entero.
El faro girando me indica con su luz su camino al cielo.

Tema Veridico
El Faro Viejo
Costas de Stratford, CT, U.S.A.

Abraham
May 30, 2011
Houston, TX, U.S.A.

MI FLOR

Tenia una hermosa flor.
Su fragancia aromaba mi jardin.
Yo la regaba todas las mañana,
Y besaba sus hojas perfumadas.

La cuidaba, crecia, y decoraba.
La tenia junto a mi ventana.
Veia sus colores y me alegraba.
Me daba mucho gozo y lo amaba.

Un dia la vi triste encorvada.
Sus petalos se marchitaban.
Se fue secando poco a poco.
Mi hermosa flor se murio y yo lloraba.

Hoy mi ventana esta vacia
Sin la flor que tanto adoraba.
Todo los dias respiro su aroma suave,
Como un balsamo embotellada.

Abraham
Houston, TX, U.S.A.
October 25, 2007

BESOS DE MIEL Y FUEGO

Tu ya no me hablas. ¿Donde estas?
Mis ojos no te ven mas sonreir.
Tu voz tino no se oye en mi contorno.
La soledad y el silencio carcome mis huesos.

Cuando el sol se va ocultando,
Se termina otro dia de fastidios.
Mi corazon va percibiendo mis vestigios.
Mi luz se cierne sobre sus sombras dormidos.

Llevo dentro de mi su profundo sueño.
La extraño, la quiero que regrese del infinito.
Quiero ver su rostro cerca del mio.
Sus ojos, la boca y todo su cuerpo divino.

Todos los dias la espero en las noches
A que me ilumine con sus destellos.
Quiero que duerma dentro de mi lecho frio.
Acariciarla y endulsarme de sus besos de miel y fuego.

Abraham
Houston, TX, U.S.A.
March 11, 2012

PALOMA BLANCA

En una noche de marzo,
volo de mis manos hacia el alba.
Nunca regreso a su nido.
Mi unica paloma blanca.

Las nubes los cubrieron.
La luna quedo opaca.
Se perdio en el horizonte.
Yo sin poder acariciarla.

Yo soy aqui su dueño.
Vivia en mi ventana.
Me traia los mesanjes.
Me daba su amor cuando llegaba.

Extraño sus picotazos.
Y sus ojos azules como el agua.
Me cubria con sus alas.
Y dormia dentro de mi pecho pegada.

Con su arrullar y cantos,
me levantaba por las mañanas.
Dime Señor, si tu las tienes.
Devuelveme mi paloma blanca.

Abraham
Houston, TX, U.S.A.
June 20, 2008

PASTORCITA

Pastorcita, pastorcita apacible,
¿Porque te fuiste tan apresurado?
Dejastes a tus ovejas solas.
Triste, balidos cabisbajos.
Ellos te esperan, desesperados
Para oir tus silbidos adiestrados.
Tu eras la unica patrona sublime,
Que los guiabas a los hondos vados.

Pastorcita, pastorcita, las montañas,
Devuelben tus ecos en llantos.
¿Porque no te ven mas subiendo,
Caminando, saltando y cantando?
Tu los llevabas a los valles anchos
De humedos y altos pastos.
Te pido que retornes pronto
Y tomes tu cetro en tus manos.

Pastorcita, pastorcita, la luna
Ya no brilla en el campo.
Se oscurecio el cielo. Esta triste
Al no ver tu carita de encanto.
Las ovejas se sienten muy precario.
Las vigilias brumosas los estan marejando.
Pastorcita de mi unica alma,
Regresa. Sin ti, se mueren mis rebaños.

Abraham
Houston, TX, U.S.A.
May 10, 2009

BORRASCAS

El invierno esta de retorno con su crudo frio.
La lluvia golpea a mi ventana en la noche rutido.
Mirando tras ella veo las calles desiertos y desnudos.
Asi se siente mi anima con penas e infortunios.

Las aguas corren fugas por las calles oscuras.
Los truenos retumban sobre mi cuarto humedos.
Los relampagos alumbran los arboles tremulos.
Brotan mis lagrimas recordando un amor que fue mi mundo.

Todos los dias siento mis aborrascas intimos.
Los dolores me inundan anegando mi corazon sufrido.
Los albores nacen, exaltando a nuevos animos fulgidos.
Las primaveras llegan dando al amor ensueños brios divinos.

Abraham
Houston, TX, U.S.A.
July 2, 2009

OTOÑO

Otoño, estacion que disceñe haciendome
sentir con melancolia.
Los arboles quedan desnudos, lluvias
perdurables, noches frias.
Las golondrinas emigran, dejando
los cielos sin melodias.
Playas desiertas, la marea cubre las
arenas con algas marinas.

El otoño me trae un pasado crespon
que llena de tristezas.
Mi animo quedo desvastado; perdi a mi medio dia.
Quedando cubiertos bajos muzcos
y oscuras sombras caidas.
Un rio crecido inundo mi pecho
arrastrando todo lo que tenia.

Al cerrar mis ojos, nubes reposan
en mis parpados vencidos.
Tormentas borrascosas hacen llover sobre mis mejillas.
El otoño siembra los campos con
hojas endrino y amarillas.
Los dias se desenredan raudo sin mi
zagala que tanto lo queria.

Abraham
Houston, TX, U.S.A.
August 5, 2009

TE QUIERO

¡O adorada mujer que fuiste me deseo!
Yo naci para quererte, te sueño
Te prometo aunque te has ido.
Siempre te escribire lo que siento. ¡Te quiero!

Es lindo soñar algo bueno y cierto.
La quiero hacer realidad pero no puedo.
Al despertar se lo llevo el viento.
¡Profundo abismo incertidumbre! ¡Te quiero!

Fue un cuento que rodo al infinito.
Fue corto este idilio se lo llevo el divino.
Furio grito este dolor añil.
Mi voz te llegue a tus oidos bendito. ¡Te quiero!

Mi alma es un desierto. Mi balcon esta vacio.
Ahora entiendo lo que no sabia los dolore ajenos.
Corro por las mismas praderas como ciervo herido.
Sueño con los ojos habiertos por a verla. ¡Te quiero!

Abraham
Houston, TX, U.S.A.
December 21, 2007

ROSA AMARILLA

Amanecio el dia lluvioso
A igual en mi triste corazon
Hay Niña me has abatido
Porque me quede sin tu calor.

Cuando tu te marchaste
Los cielos destilaron rocios
Pena y infortunio sin razon
Es la causa de mi negro crespon.

Ya no quiero mas le dije al dolor
Pero el tiempo me hundio con desazon
El otoño me inmolo mi Rosa Amarilla
Con escarnio me dijo la arranque de tu corazon.

Sol detiene tu reloj en el norte
y tu luna alli en el sur
Hasta que yo vuelva a reunirme
Con la mujer que fue me dulce ilusion.

Abraham
Houston, TX, U.S.A.
12-21-13

FLORES MARCHITAS

Llora la noche; hay lagrimas en mis mejillas.
Mi alma esta abatida y tiene amarguras.
Desaparecio de mi su toda hermosura.
Mis dias de afliccion son mis caidas.

Me conmueve cuando paso por nuestro sendero.
Con ella caminabamos cuando la tarde caia.
Hoy esta desiertos las flores marchitas.
¡Oh, mi Dios! Mi alma esta abatida.

Mi soledad inflaman mis venas tupidas.
Mis noches son pertinaz; mis dias sin alegrias.
Muero en engurrio de a poquito todos los dias.
Por su vida que perecio dejandome en endibias.

Abraham
Houston, TX, U.S.A.
October 30, 2009

MI CASTILLO

Mi castillo se quedo sin princesa.
Las ventanas se cerraron solo nubes.
Pasaron los dias de aurora terrenales.
La fortaleza se lleno de hondos penares.

Mi Doncella se fue engalanada
vestida de lino traje nupcial.
La majestad no entendio mis dolores.
Volo como albastro blanco de los balcones.

La reyna duerme en sus sueños eternales.
Las luces no brillan en sus bellos balones.
Las campanas doblan por su restos nobles.
El palacio se quedo en la noche.

Las puertas reales estan cerradas.
No se escuchan mas sus dulces cantares.
Se llevo consigo sus bellos ojos azules.
Para habitar en los castillos celestiales.

Abraham
Houston, TX, U.S.A.
September 16, 2007

NO PUEDO OLVIDARTE

No puedo olvidarte lo que tu fuiste.
Me muero por tenerte paloma mia.
Me cuesta vivir sin tu amor.
Siempre recuerdo tu dulce fulgor.

Las nubes del cielo te cubrieron.
Vinieron angeles celestials.
Diciendote, "¡Ven! Llego tu hora."
Engurrio mi ser. Tus labios expiraron.

¡Oh, mi Amor! Si pudiera abrazarte
Y parar este vendaval fugaz.
Tu muerte es un laberino confuso.
No hay albor que me guie a tu destino.

Me llenare de recuerdo antaños.
Te buscare en las noches frias tu calor.
Mi melancolia se trasformo en murrio.
¿Olvidarte? ¡Dios mio! Te quiero primorosa con delirio.

Abraham
Houston, TX, U.S.A.
August 7, 2007

FLOR MARINA

El mar se llevo a mi flor marina.
Camino en las playas buscando su figura.
Recorriamos juntos en el albor del dia.
Viviamos enamorados extraño su sonrisa.

Perdi los labios donde deleitaba con las mias.
Aun respiro el yodo y su aliento salinas.
La siento correr a mi lado como lo hacia.
Pero solo quedan las sendas de mis pies embutida.

Las olas me traen su reflejo hada.
Las sonatas del viento su voz fina.
Las densas brumas cubren su luz sumida.
Mi anima siente una helada brisa.

El mar fue nuestro refugio en las noches airosa.
Aqui pasamos navegando en lunas febriles.
En la arena me escribias cuanto me querias.
La marea lo borraba con las algas marinas.

Abraham
Houston, TX, U.S.A.
May 10, 2008

DESTINO HUMANO

¿Dios, porque los amores mueren?
Y se separa el destino en una tumba.
Es un destierro dolor vaho.
Dos vidas y una sola alma pegada.

Nacemos arista con sueños afortunados.
Nos llegamos por caminos separarados.
El tiempo se para y nos junta ambos.
Los ruiseñores cantaron, florecieron los campos.

Es hermoso contemplar el cielo claro.
Las noches tienen sueños no olvidados.
Hay un amor en mi pecho no sepultado.
Me brotan lagrimas cada vez que lo llamo.

Es ironia tremula un mar agitado.
Despierto las mañanas cansado y azogado.
Nuestro lecho fue florido sagrado.
Camino en su huerto rosa carmesi calvario.

Abraham
Houston, TX, U.S.A.

DESTINO DE AMARTE

Te metiste en mi vida ternura
Como un fuerte ventarron loca.
Me querias con toda tu pasion.
Senti tu amor quemar mis extrañas.

¡Si jure amarte tanto te adore!
Solo Dios puede saber mi dolor.
Sangro por dentro por vete vida.
Hay amores que no se pueden olvidar.

Gracias por haber venido a mi vida,
Dandome tu ser cariño y encumbrio.
Hoy me cuesta decirte adios.
Estas arraigadas para siempre en mi corazon.

Abraham
Houston, TX
August 26, 2007

FLOR DE MARZO

Este mundo es de los que lo viven.
No ya el mio, es luz de crepusculo.
Dos vidas separados por el destino.
Es un crujir en mi pecho. Esta todo vacio.

Al despertar por las mañanas grises.
Me siento solo en un lecho frio.
Miro al cielo por la ventana humeda.
Y se mojan mis ojos con las lagrimas de rocios.

Pensamientos me lleva a una flor de marzo,
Que se fue y dejo su fragancia embutido.
Me llena de amarguras y un corazon chillido.
Enturbia mis labios una plegaria, perdoname Dios mio.

Abraham
Houston, TX, U.S.A.
January 13, 2008

DESUMIR SUS LABIOS

Mis ojos imantaban tu cuerpo muncio.
Un otoño me dejo sin su amor lirio.
Yo guardo en mis mentes sus labios.
El cielo conserva sus besos vivos.

Su savia era animo para mi cuerpo,
Dejando sus semillas en mi huerto florido.
Yo retengo en mis venas su plama,
El cielo su alma por los siglos bendito.

Sus codicias eran mis delicias finos.
Su esplendor emigro a un paraizo.
Yo conservo su cuerpo en el campo santo.
El cielo contempla su espirito eterno.

Abraham
Houston, TX, U.S.A.
May 20, 2009

NO TE OLVIDARE

Tu nunca habitaras en el olvido.
Donde tu vida quede, alli estara el mio.
Tu pecho y mi pecho dormiran juntos.
Nuestro espiritu estara unidos por los siglos.

Cuando termine los afanes de este mundo,
Donde las penas y angustias dormiran en el olvido,
Estaremos libres de este cuerpo que fue el nido.
Nuestra Diafana alumbrara el camino bendito.

Te esperare mi amor alli en el cielo,
Donde no habra lagrimas o el vino para el olvido.
La muerte no intimidara. Solamente sera un mito.
Tu nombre se llamara aurora y continuaras siendo mio.

Abraham
Houston, TX, U.S.A.
October 25, 2009

NUEVO DIA

Del otro lado del lecho, unos ojos me miran.
De su rostro resplandece una suave sonrisa.
Dandole un beso en sus parparo tibios.
Llega la hora de enfrentar otro nuevo dia.

Despierta el sol reflejando en el rio.
Sus ondas se diverten. Los grillos cantan con brillo.
Las tareas del dia comienza dando giros.
Las campanas de la iglesias doblan. Hoy es Domingo.

Las nieves de las cumbres se derriten precoz.
Llego otra vez la primavera eterna.
Bajando las aguas con muchas fuerzas.
Regando los valles sonrie la vida.

La plantas habren sus flores pintando los campos.
Los arboles se cubren con sus verdes follages.
Los pajaros revolotean formando sus nidos.
Los perfumes de las violetas invaden los aires.

La tarde llega el dia se va declinando.
Entrando en un azul fresco fulgido.
El resplandor de las estrellas imponen su yetro.
La noche entrega su velada en
un romantico encuentro.

Abrazado a ella, le digo cuanto la quiero.
Dandole un beso largo con notas de suspiros.
La luna penetra en el cuarto con su halo.
Luego el silencio. El reloj marca las doce. Dulce sueño.

Abraham
Houston, TX, U.S.A.
December 3, 2008

LA BELLA CAMINANTE

Caminando en una mañana tibia,
En la rivera de un rio ancho,
Se veia el cielo azul rutilante.
Vi una dama sola caminando.
Un pensamiento desnudo mi mente de trino
Al ver sus ojos candente, la segui despacio.

Era bonita, pura, timida, elegante.
Como hombre candoso la busque con alborozo.
Ella se puso cautelosa camino rapido distante.
La hable con mucha sed de amores y cantares.
Con voz firme me dijo, "¡No!" Sonoro fulminante.
¡Amen piedad! ¿Usted no me entendio, madre?

Escucha mis romantico cupidos, deseo ser su amigo.
¡Quiero estar a su lado perenne! Sus ojos me miraron errante.
No pudo decirme otro, "¡No!" Y adios para siempre.
Acepto seguir viendome, dandome una cita distante.
En una parroquia sentado al lado de su madre
Tenia mucha carisma y fe devota al Divino Padre.

Sus cabellos como trigo al viento flameando.
Sus labios color frutilla irresistible al beso deseable.
La segui viendola dias, meses, y el año restante.
En una noche azul embeloso marchamos al altar.
Con un perpetud juramento de amor y fidelidad.
Años nobles santuario bendecidos y vida abundante.

La voluntad de Dios son diferente a lo nuestros.
Con su amor divino la llevo a la bella caminante.
Sus ojasos candentes miraron a las estrellas lejanas.
Dejandola sola otra vez en la rivera del rio.
Ella sigue caminando despacio, esperando que la alcanze
Y le diga mis romanticos cupidos de amores y cantares.

Abraham
Houston, TX, U.S.A.
March 28, 2009

MI BARCA ENDRINO

Las tempestades llevaron a mi barca endrino
A las costas rocosas y lo encallo.
Dañando su proa las olas aterradoras
Dejandome mi nave sin timon.

Estoy anclado en playas extrañas.
Mi barco cruje como un viejo acordion.
Las mareas suben y bajan con vientos helados.
Y yo sin poder salir de este enterron.

Los dias y noches son millas de angustias.
Esperando un socorro que nunca llego.
Las nieves blanquearon las cubiertas del barco.
Levante mis ojos al cielo pidiendo ayuda al Señor.

Con la enigma llego la serena calma.
El mar violento se apaciguo.
Con su promesa tendre una barca nueva.
Y saldre a nevegar por los oceanos de Dios.

Abraham
Houston, TX, U.S.A.
December 13, 2007

NACER

El hombre no nace donde quiere.
Si no donde es nacido.
Uno no elige a los padres.
Solo Dios asigna nuestros destinos.

SUFRIMIENTOS

Gracias Señor por estos sufrimientos.
Me enseñaste ver la otra cara del abismo.
Ahora comprendo mas porque se llora.
Las lagrimas de dolor que son destructivo.

SOLEDAD

En mis horas de soledad,
Me siento a contemplar el mar.
Su hermosura y inmensidad.
Escondido entre las rocas,
Escucho el sonidos de las olas.
Que se mueven sin cesar.

Melodias de las gaviotas que pasan,
Buscando sus bocados de pan.
Me trae paz y el corazon sosegado.
Me lleva mas cerca del cielo.
Veo el infinito azul del crepusculo
Y converso con el Creador del universo.

Abraham
Houston, TX, U.S.A.
January 6, 2008

SUENA CAMPANA POR DIOS

Suena campana bajo la luz del sol
Tu repicar me congela mi corazon
El año se va muriendo rapido y veloz
Partire escuchando tu dulce din don
En tu sonidos no hay muerte, solo un adios
Suena campana, suena sonora por Dios.

Suena campana bajo la noche azul
Tu vibrar me trae recuerdos, pasion y dolor
Volare a las nubes escuchando tu song
Tus sonidos me acompañara a las morada de Dios
Donde no hay muerte ni separacion de dos
Suena mi campana que pronto estare con mi amor.

Abraham
Houston, TX, U.S.A.
January 27, 2013

¡Feliz Aniversario, Mi Amor!
Que lo cumplas feliz
En tu morada con Dios

NUESTRO ANIVERSARIO

No hay dias que el sol no relumbre
Ni noches que las estrellas no nascan
Detras de ellos hay un horizonte de luz eterno
Que mi alma quiere penetrar y acariciarla.

Mis lagrimas brotan suavemente mojando mis mejillas
La noche que se fue, mi alma quedo estancada y calada
Enturmecido mi ser y dandome mucho desazon
Ser aguila y volar a las alturas en busca de sus moradas.

Yo se que sus hermosos ojos me miran del mas alla
Hoy es nuestro aniversario quiero recordarla y venerarla
Perdura su perfume humeda flor bañada de nieves
Que un dia florecera otra vez juntos en la eternas albas.

Abraham
Houston, TX, U.S.A.
January 28, 2014

DIOS DEL CIELO

Oh, Dios del cielo y del mar,
Escuchas mis penas y dolores.
Creador de las nubes y de las lluvias,
Del viento y de las llamas,
Rompe mi corazon de piedra,
Y dame uno de carne para amar.

Tu nos das el pan dia a dias,
Porque tu ves a los seras llorar.
Tu amor y tu misericordia es infinita,
Y lavas con tu sangre las heridas.
Solo en ti, hallo tu inmensa fidelidad.
No hay otro Dios que se pueda asemejar.

Abraham
May 10, 2011
Houston, TX, U.S.A.

EL NACER Y MORIR

El nacer es un azul tesoro divino.
Morir es ocultarse en sombras perpetuas.
La vida es como un soplo que atraviesa,
Como nave que deja sus estelas blancas.
Y pronto se va borrandose sin dejar huellas.

El hombre es como olas de mares que llegan
Tocando playas mojando sus propias arenas.
Y se desvanese luego como espumas pasajeras.
Sus ultimos suspiros es como un huracan que destoza,
Dejando labios sin besos, y mejillas llenos de lagrimas.

Que impotente es el ser humano
Ante la muerte fugitivo que vuela.
Solo uno lo contempla triste indeleble.
Como hojas secas que el viento se lo lleva.
¡Eres polvo! Tu polvo volveras a tu tierra prometida.

Dedicado a Paulito

Abraham
June 12, 2011
Houston, TX U.S.A.

DOS CAMINOS

Todos los caminos que recorremos en la vida
Se termina y se borra a la distancia
Alli comienza las noches largas
El alba es como que nunca llegara.

El silencio y la soledad se acoplan
Vision de centellas se desplegan
La luz del sol se rompe en fragmento
El alma flota una luz estalla.

Brilla un espejimos en el espacio
Un nuevo camino se habren en las estrellas
Buscando su nuevo destino eterno
Dos caminos, uno el que tu escogiste en tu vida.

Abraham
Houston, TX, U.S.A.
November 10, 2011

CREACION

Mis ojos fueron creado para ver tu rostro.
Mis labios fueron creado para besarte.
Mi corazon fue creado para amarte.
Mi cuerpo fue creado para estar juntos.

Nosotros fuimos creados unos para otros.
El mundo fue creado para nuesta existencia.
El cielo fue creado para la moradas de los angeles.
¡El universo fue creado para la gloria de Dios!

Abraham
Houston, TX, U.S.A.
February 3, 2014

CAMPANADAS

Hoy es un dia cualquiera
Un cielo gris y lluvioso
Nieves y vientos que congelan
Solo y triste vagabundo
Corazon roto futuros en tinieblas.

Afliccion bajo el latigo
La carne envejece y envidia
Todos los dias se torna mas duros
Y pesan las cadenas de la vida
Los llantos llegan como sinfonias de operas.

Los sueños de los niños se frustran
La juventud con sus lasivas reposan
Los ruiseñores cantan en la alcoba
Los amores de uno que llegan y pasan
Pero nadie escucha el vibrar de una alerta.

Pronto teñiran por ti las campanas
En un dia cualquiera
Despierta hay una luz en el cielo
Miralo escuchalo y reflexiona
Detras de cada campanadas la muerte te acosa.

Abraham
Houston, TX, U.S.A.
November 30, 2011

A EL

Jesus es un verdadero amigo. Puedes confiar a El.
No hay otros dioses en el universo. Orar solo a El.
Perdona nuestros pecados y limpia con la sangre de El.
Nos da la vida eterna en el cielo con El.

No hay otro camino que lleve al paraiso de El.
Todo lo que el mundo ofrece es mentira sin El.
El Seol es un lugar verdadero. Alli van lo que rechazan a El.
Estan perdidos para siempre en tinieblas lejos de El.

Los deseos y pasiones se interponen ante El.
Los muros de la vida se tienen que derribar a sus pies.
Doblar las rodillas y pedir perdon a El.
Tendras un horizonte claro y limpio veras al Rey.

¡Oh que hermoso es la vida cerca de El!
Dulce sereno sin angustias con amor y fe.
¡La muerte ya no domina! Esta vencido por El.
Solo dormimos y despertamos en los cielos con El.

Abraham
Houston, TX, U.S.A.
March 20, 2008

REVIVIR

Camino los dias buscando el rumbo positivo.
Un sendero que me lleve a un destino fijo.
Tengo ancias de recobrar mi luz oscurecido.
Volver a revivir en la paz que Dios da a sus hijos.

El destino separa uno de los dos primero.
El que quedo sufre porque perdio lo mas querido.
Dios bendice con amor los dias desvalidos.
Cura los corazones quebrantados con amor divino.

No quiero noches largas de vigilias sombrios.
Solo soñar en un amor que vivio conmigo.
Despertar las mañanas alegre con optimismo.
Enfrentar una vida con victoria en Cristo.

El mundo da oportunidades. Hay que admitirlo.
Jesus me acompaña en todos mis caminos.
Me llena lo vacios que deja mis sentidos.
Sonrio, no lloro. Estoy con aliento con mi Dios vivo.

Abraham
Houston, TX, U.S.A.
March 5, 2008

MORADA NUEVO

Yo se que tu estas alli esperandome tierno.
Y baje mis velas y boge a tu mar eterno,
Donde los seres se unen alli en un recuerdo.
La distancia del infinito no desampara por cierto.

Cuando mi ambar amanesca estare lejos.
Mis alas me levantaran hacia la luz del milenio.
De lejanos mares arribare a un puerto nuevo.
Las penas y dolores se desvaneceran. Todo sera un cuento.

A mi luminosa estrellita, la recoger del cielo.
La tendre en mis brazos y le dare mis besos.
Las campanas doblaran anunciando esta union sempiterno.
Los angeles cortejaran el camino de nuestra morada nuevo.

Abraham
Houston, TX, U.S.A.
April 16, 2009

PRECIOSO DIOS

Precioso Dios, tu amor nunca me a faltado.
Quiero apoyarme en ti para que me pare.
Estoy cansado, muy debil y agobiado.
Toma de mis manos y llevame a tu lado.

Precioso Jesus, si vas a tardar, acercate a mi.
Mi vida se va de a poco terminando.
Escucha mis suplicas, mis oraciones, y mis llantos.
Quiero ver tu luz. Cobijame en tus brazos.

Precioso Dios, gracias por todos tus amparos.
¡Cuando llegara ese dia de ver tu rostro anhelado!
Mis esperanzas se van marchitando en caos.
Llevame a tu paraiso, junto a ti y ver tus encantos.

Abraham
Houston, TX, U.S.A.
March 26, 2007
Oracion de Hilda

ETERNIDAD

Ya veo venir una luz deslizandose color ambar.
En un caminar lento, siento que llega las heladas.
Mis dias se van acabando. ¡Oh Muerte!
Es hora de marchar a la claridad.

Me rodean profundo mares.
Ya presiento la oscuridad eternal.
Mi alma esta limpia sosegado.
Yo se donde pasare mi eternidad.

Cuando las campanas doblen,
Por este ser que ya no esta.
Yacere en una tumba helada.
¡Alli comienza la eternidad!

Una brillante luz me ilumina.
A lo largo de un tunel al final.
Tengo una paz que nunca senti.
Veo el paraiso. ¡Que hermoso lugar!

Hay una seña luminosa que dice,
Que solo entran a esta ciudad.
Lo que fueron lavado por su sangre,
Tienen visa para cruzar la aduana celestial.

Abraham
Houston, TX, U.S.A.
February 16, 2009

ORACION

Oh, Padre, yo te amo.
Te adoro y te venero.
Sin tu protecion,
No vivo, solo muero.
Cobijame bajo tus alas.
Quiero ver tu luz en mi pecho.

Cuando me arrodillo,
Mi espiritu se exalta entero,
Porque estoy frente a ti,
Y converso todo lo que siento.
Tu me perdonas todos mis pecados,
Y me prometes el paraiso eterno.

Abraham
Houston, TX, U.S.A.
May 5, 2010

JESUS

El cielo se habrio y se vio su gloria
Decendiendo su hijo como persona
A este mundo de ironia y plañir
Para sufrir los escarios del Diablo vil.

Nunca escatimo su vida preciosa.
Obedecio los mandamientos de su padre
Sin una queja, murio por la humanidad
En un cruz vergonzosa y inmoladora.

Gracia Jesus, por tus sacrificios perfecto.
Hoy somos libres de las inmundicias y pecados
Por tu sangre preciosa que vertiste en el calvario
Para darnos vida eterna, y estar siempre a tu lado.

Abraham
Houston, TX, U.S.A.
February 25, 2012

MI DESTINO (ORACION)

¿Podre yo culpar a alguin por mi destino?
Cuando transito por los caminos sombrios
Los dolores y pasiones de la vida es un mito
Lagrimas corren es muy dificil el olvido.

Los años van pasando y uno envejece sin cariños
Tu ves mi alma sufrir porque estoy cautivo
Tienes el poder de dar y quitar los sueños
Acepto Tu voluntad, mi pertinaz es mi castigo.

Tu siempre estas cercas cuando mas te necesito
En Tu ternuras y amor tengo consuelos eternos
Todos los dias me das las nuevas esperanzas
En el alba Tu luz penetra a mi alma y yo vivo.

Abraham
Houston, TX, U.S.A.
06-25-14

AYER

Porque tengo que sufrir o llorar
¿Un pasado que lo vivi a placer?
Solo recuerdo que al mirar atras
Que mis anhelos se cumplieron todos ya.

En mi juventud aprendi respetar y amar,
Llenos de sueños triunfos y prosperidad.
Pero hoy la nostalgia me llena el corazon.
Vano pensar en iluciones que no retornara.

Aqui en mi pecho arde la soledad.
La piba que ame, Dios la llevo a la eternidad.
Recuerdo su amor, caricias y sus besos con lealtad.
Hoy vivo en un mundo de tecnologia y inmoralidad.

Donde quedo mi casa, el barrio y mi niñes
Aun respiro las rosas y gliserinas del balcon.
Ahora estoy tan lejos que no puedo creer
Solo tengo mis dos hijos y me siento a contarles el ayer.

Abraham
Houston, TX, U.S.A.
04-10-14

EL AMOR

El amor trasforma al hombre,
porque lo llena en su vida cotidiana.
Hoy, mañana siempre sera igual,
como aguas manatiales cristalinas.

El amor es un hermoso regalo divino.
Es verdadero, tierno, y fuerte.
Entra en los profundos de los corazones,
Y da bendiciones como lluvias tardias.

El amor es el fondo de las pasiones.
Da furias tormentas enardecidas.
Es tenaz y fuentes de seguridas.
Da calma y recrea la vida.

El amor is un resorte inigualable.
Es sublime compartir cuando se ama
Crece en el pecho como una planta.
Es puro y limpio como el mana.

Abraham
Houston, TX, U.S.A.
November 15, 2007

JUVENTUD

Juventud eterna; primavera pura.
A los veinte años vuelas con tus alas tendidas,
Soñando lo que serias un dia.
Con pasion ardientes y lleno de armonias,
Tu vigor es una existencia lascivia.

Juventud, sos hermoso y venturoso.
El mañana se hacia que nunca llegaria.
Sos el dueño del madrigal con iluciones infinitas.
Las almuhadas se llenan de amores sensitivas,
Esperando a su principe que lo halagaria por vida.

Juventud, sos como una flor hermosa y sencilla.
Eres el mas rico de todas las riquezas en vida.
Tu tienes la luz tempestades y las espinas.
Con alma de aventurero, buscas el brillo de tus glorias.
Oh juventud, tu aurora es corta, las noches llegan muy de prisa.

Abraham
Houston, TX, U.S.A.
September 20, 2010

LA TIERRA

Las noches se van en plenos misterios.
El alba ilumina alla de muy lejos.
Los dias vienen pidiendo el arcano viejo
Para depositar los amores y los dolores del pecho.

De prisa la tierra despierta y todos corren prestos.
El orbe se trasforma en humos y cenizas negros.
Las guerras no paran y los seres se mueren sin respetos.
Todo se torna violeta y triste bajo este cielo.

La ambicion y el poder lleva a tiranias insoportable.
Los rumores de paz solo se oye de muy lejos.
Los pueblos se confrontan y cuentan sus muertos.
La luz de la creacion se va oscureciendo en pleno.

Los pinares se cortan y el mar es un pozo negro.
La naturaleza esta enfurecida y azota destruyendo.
El hombre sigue su curso sin importale su veredicto.
Solo piensa en su dominio y destroza este mundo bello.

Abraham
May 10, 2011
Houston, TX, U.S.A.

HOY ES MI DIA

Siempre cuando la noche llega
Y comienza a brillas las estrellas
Encuentro una felicidad unica
¿Porque procuparme del dia de mañana?
¡Duermo hasta que el sol brilla!

Cosas hermosas salen de los corazones puros
Amistades sencilles, humildad y las lagrimas
Oh, y sin el amor, nunca florecera la vida
Las esperanzas producen nuevas alegrias
Viviendo con un pedazo de cielo en mi alma.

Todos lo que se hace en la faz de la tierra
Dios traera a juicio algun dia
Nunca eliminare la cruz de Cristo de mi vida
El me llamo como un ruiseñor para darme la salvacion
¿Donde esta la noche¿ En mi corazon hay paz todo brilla.

Abraham
Houston, TX, U.S.A.
July 28, 2012